um abismo quase

PRÊMIO MARAÃ DE POESIA 2020
Livro vencedor

um abismo quase

Marcel Vieira

Cousa

Copyright © 2021 Marcel Vieira
um abismo quase © Editora Reformatório, Editora Cousa

Editor
Marcelo Nocelli

Revisão
Natália Souza

Imagem de capa
Pavel Abramov/iStockphoto

Design e editoração eletrônica
Negrito Produção Editorial

Dados Internacionais de Catalogação na Publicação (CIP)
Bibliotecária Juliana Farias Motta (CRB 7-5880)

Vieira, Marcel
    Um abismo quase / Marcel Vieira. – São Paulo: Reformatório: Cousa, 2021.
    136 p.; 14 x 21 cm.

    ISBN 978-65-88091-35-7
    "Livro vencedor do Prêmio Maraã de poesia 2020"

    1. Poesia brasileira. I. Título.
V658a   CDD B869.1

Índice para catálogo sistemático:
1. Poesia brasileira

Todos os direitos desta edição reservados à:

EDITORA REFORMATÓRIO
www.reformatorio.com.br

Is Bliss then, such Abyss,
I must not put my foot amiss
For fear I spoil my shoe?

EMILY DICKINSON

Um momento há na vida, de hora nula,
em que o poema vê tudo, viu, verá;
e a si mesmo, na cera em que se anula,
sob o fogo dos céus, consumir-se-á.

JORGE DE LIMA

Sumário

11 café da manhã
13 partida
15 família
17 pontes
19 lava
21 hemolinfa
23 anticorpos
25 trauma
27 arritmia
29 raiva
31 precisão
33 réveillon
35 retorno
37 mofo
39 outro touro
41 inverno
43 poesia
45 domingo na praia
49 quiropraxia
51 velo de ouro
53 excesso

55 sede
57 cárcere
59 estranhos
63 depressão
65 desesperança
69 paciência
71 tristeza
73 escolhas
75 morte
77 mergulho
79 oferenda
81 abraço
83 vida marinha
85 murmurações
87 mudanças
89 paisagens costeiras
93 identidade
95 casa
97 feminino masculino
00 juventude
103 resistência
105 deserto
109 túmulo
111 saudade

113 tempo
115 viagem
117 fracasso
119 a vida
121 se quero escrever
123 bonança
125 revolução
129 um abismo quase

café da manhã

confia nisto: não é só o pássaro
que rumoreja na aurora. também a pedra,
o tigre, as guitarras dentro do sonho,
todos definham com o fim da noite.

e todos, com seu sibilado longo,
estrepitosamente confessam alguma
perda, a despedida de um ovo, a duna
movediça que num bocejo se desfaz.

sobretudo, confia. se se esvai o tigre,
resta ainda a fome. depois da pedra,
há o abraço. e mesmo as guitarras,
silenciadas, podem prever a primavera.

deixa a luz inaugurar o hálito deste útero:
há adubo entre as abelhas. um incêndio
lambendo o açude. a manhã nasce nesse
grito. por isso, confia. o café está na mesa.

partida

ir

não para longe
ou para frente
mas para sempre

e só parar para além de si,
nas docas ocas que margeiam
esse meu rio: estrada e espelho

ir

ou vir – que seja!
mas seja assim:
uma passagem

que parte de mim e me evita,
uma estrela boiando na água
até que pouse a libélula

eu sou assim:
vou – mas também
deixo na noite

um eco de meus passos firmes
e ao longe – já distante – escuto
a mim mesmo um outro retornando

ir

não para dentro
ou para fora
mas ir agora.

família

pedra — é o que dizem
— antecede a vida
orgânica. nela, o tempo
faz-se revés, dando à
matéria uma finitude
indefinida. não há ex-
pedra: toda partícula
de si dilapidada em
promessa se aglutina
num porvir de minério.
a natureza é assim.

por isso, muitos insistem
no paralelo elado entre
alma e pedra. engana-se
quem vê apenas o aparente
imobilismo. pois pedra,
na lassidão das horas,
sempre se transmuta. sempre
cede uma lasca de si
para quaisquer vizinhos

cálculos. também alma é
assim.

generosa, quieta, com
vagar pedra ascende à
condição de alma: nunca
espírito, ânimo ou traço
de uma intáctil metafísica.
alma é coisa, de coisidade
absoluta. tem textura, volume,
proporcionalidade cronotópica.
não se extingue senão para
em parte doada renovar-se.
toda pedra tem sua prole.
o amor é assim.

pontes

quando vemos uma ponte,
achamos sempre que ali
— do lado de lá da ponte —
há uma estrada terra adentro.

achamos que toda ponte
acaba, e assim que acaba, abre
brecha a novas rotas, nova
trilha estreita sobre a grama.

só que há certas pontes — pontes
nulas, pensas no vazio —
que se estendem sobre vigas
paralelamente ilhadas.

pontes perdidas na bruma,
sob a obediência dos postes,
sempre ao prumo de uma proa
que anui ao curso da deriva.

essas pontes se erguem no ar,
sobre alicerces cansados,
feito as asas de aleluias
que obrigam o voo ao instante.

essas pontes, ao que consta,
são constantes.

lava

viver cativo de um vulcão, ouvindo
a rocha fértil no útero da lava,
e ver, à tarde, o sol cavando o céu
em espiral: é assim que a chama emprenha
a terra (como a língua, o meu desejo)
e lavra em sulcos finos a planície
da pele, o braço, o tronco, os ombros tristes.
ninguém cultiva o solo sem prever
na combustão o fruto inconcebido;
mesmo o grafite morno, que especula
a grafia do diamante, deve ouvir

da nuvem fria o gozo da fervura:
pois do presente o corpo se futura.

hemolinfa

uma muriçoca me açoda,
me açoita o sono, por si, escasso,
e zune o siso — uma, não cinco —
gata em teto de quente zinco.

como o grão de sal que me evita
o caldo insosso, a sopa anódina,
uma muriçoca me acossa,
circular e aguda, um grito
oco, tribunal sem inquérito.

é um ziriguidum, um xerém,
vozerio imberbe, mexerico.
como se não bastasse o espírito,
uma muriçoca me assalta,
sobe nos tímpanos, mergulha
na goela molhada da pérgola.

no gozo irregular do ouvido,
na toada gasosa, na brisa,
a muriçoca, enfim, me aceita,

a agulha lambuzada, a fome
finda e o orgulho de quem triunfa:
hematopoiética ninfa.

anticorpos

pode caber num vocábulo
a dor que retesa o músculo?
pode, apesar de sonâmbulo,
seguir em frente o veículo?

o invasor é tão minúsculo,
e, ainda assim, arma espetáculo,
joga os búzios no círculo
e anuncia o fim dos séculos.

dos pulmões, faz um prostíbulo,
faminta rês nos estábulos,
inodoro, insosso e esdrúxulo
como um monarca ridículo.

pode a vida, enfim tubérculo,
pedir nova lei ao oráculo?
pode, no curso do pêndulo,
reter-se imóvel o triângulo?

na tumescência do nódulo,
o corpo, em proteico acúmulo,
ainda assim resiste, incrédulo,
no compromisso dos glóbulos.

a rua, apesar do obstáculo,
se encharca de novos rótulos,
cartazes, cartelas, títulos,
cortando a ponte ao crepúsculo.

"i can't breathe", ora, é o cúmulo
desse tempo sem escrúpulos,
desses homens com seus cálculos
entre mil conciliábulos.

"i can't breathe": é o novo vínculo
entre os que, à luz dos versículos,
queimam tudo como preâmbulo
para um futuro crioulo.

trauma

não sei, talvez secar da fonte a dor viscosa
em golpes curtos de um machado cego
pá pá pá não sei, algo que estanque, que solde,
lingueta ardente, laço de sutura, não sei,
talvez rejunte, quem sabe cimento,
não, não sei, só sei que o sangue escorre no aço,
fervendo a chapa que sela o chorizo,
pá pá pá não sei, a dor talvez seja só isso:
desbaratada, irrefreável, fixa,
a chaga aberta que encharca o ventrículo,
memória de menino, cachoeira,
que inunda e aduba o fundo e a beira.

arritmia

não há técnica que prescinda do espanto
não há métrica ou matemática
gesto armado, treino, não há ensaio
que calcule e execute o encanto
da solidão no labirinto

não há regra ou máxima [não há lei]
não há decreto, cláusula ou cânone
que regulamente a agonia
não há tábua, não há pedra
não há nada enfim que legisle
a arritmia deste músculo

e assim, tisnada de fuligem,
o que era para ser virtude,
é cardiopatia – e nunca fraude.

raiva

cada dia vivo é um prêmio e um peso.

é o que nos cabe:
cavar o campo
contar os mortos
medir a falta
que ainda nos espera.

o instante frágil periclita.
jornais avisam: é longa a ceifa.
contam-se as despedidas ao milhar
(e os milhares multiplicam, no solo infértil).

é um prêmio e um peso
mas quem suporta assim o arbítrio bruto?
quem pode, entre oliveiras murchas,
render graças à pomba ausente?

é o que nos cabe:
o céu amarelo

a terra abatida
e uma sílaba

que das margens do grito se amplifica
enquanto a raiva coisifica, filosófica.

precisão

que sei eu da hora dura,
feita de sujeira e grito?
do momento exato em que o osso
rompe sob a pele escura?
do último soluço, do hálito
retido no peito exangue?

o coração é um músculo
mas não
só

é também graveto e aroma
é galho sem prumo, folha
sem rota, um talo seco
que se enverga ao vento.

nada escapa, e tudo, ao cabo
se completa. o coração
é um músculo só, mas não
se basta em redor de fossos

não restringe o pulso ao espasmo
sincopado da tricúspide.
o coração é um músculo
tecido não só de fibras
mas de renúncia e milagre
de imigração e raízes.

garoa fina que se infiltra
na medula da cisterna
nele dorme o broto frágil
nele assenta a brasa finda.

o coração não só é
mas é e não é, elíptico,
noite que arde, e em parto fresco,
coa fino o dia estéril.

pois como uma nau sem ondas,
que se empenha, mas não zarpa,
o coração, feito um fado,
naufraga mesmo ancorado.

réveillon

num instante a pedra, que de
reta só conhece o solo a
que adere, desfaz-se em mil pétalas,
mil plumas, mil povos nus sob
a chuva, cantando hinos aos
mortos – mães, pais, prole – todos os
mortos albergados na lembrança
de cujo fastio cresce a fome:
se não de pão,
de vingança.

retorno

retorno à poesia de
barco
ouvindo, sem espanto,
o silêncio no atracadouro.

um vazio, uma solidão
gotejam
na proa.

olho as docas, os píeres,
a longa serra no horizonte
(um pássaro veloz
atravessa a nuvem).

olho os outros barcos,
veleiros, iates, pequenos botes
— apenas versões adjetivas
de uma mesma náusea.

"uma mesma náusea", repito
em voz alta.

ajusto as velas ao vento,
checo defensas,
tamancas,
os cabos de atracação.

quem me esperava, não
veio.

sem pressa, mas com
destreza, faço a manobra e
ancoro.

a poesia, neste porto,
ainda cheira a
salitre e
azinhavre.

mofo

do que a vida gasta
algo sedimenta
cai nos vincos
dorme
aglutina em musgo

o farelo cinza
da construção próxima
o barro na sola
das chinelas gastas
a capa dos livros
roída nas quinas

algo sedimenta
corta o fluxo
entope
sufoca o fogo

a vida não basta
para o que a memória alcança

há o que se dispensa
que se esquece
perdida
apaziguada

uma carta sem data
uma arruela
duas tampas de bic

os detalhes
e sua dispersão.

outro touro

outro touro habita
a praia à noite,
sob a sombra dos coqueiros,
com a silhueta ereta
de seu terno bicolor.

imóvel, silencioso,
o touro rasura a paisagem,
como se alicerçasse o mar,
como se aleijasse a duna,
como se impusesse preguiça
e desordem à fome dos cardumes.

não sei se o touro dorme,
se é estátua abandonada,
se a vida, caso haja, se limita
à engrenagem das entranhas.
um touro – outro touro – é
sempre a promessa fria de um
chifre.

inverno

é esse frio que fotografa,
que algema os gestos,
salpicando sal
nas costas do sapo.

frio que narcotiza,
que entreva, comprime
o corpo entre as lâminas
sob o microscópio.

é esse frio que cartografa,
documenta a identidade,
frio que hiberna a língua
entre os frisos da moldura.

não há casaco, coberta,
vapor de calefação
que arrefeça o frio.

esse frio que me engarrafa,
me enlata e me enluta,

frio que me ata o terno
encasulado do ataúde.

esse frio datilografa
diante do escrivão
o atestado derradeiro
de ter, um dia, estado vivo:

e o guarda no arquivo.

poesia

ontem, no meio do sonho,
eu escrevi um poema.
havia nele oito palavras.
talvez nove.
a de que primeiro me lembro é velocidade.
havia também compromisso e
alguma conjunção adversativa.

recordo-me ainda, malemal,
de um advérbio de modo.

tento evocar o ritmo,
bater nos pés o metro,
ouvir, de dentro, a voz
do eu e sua cadência

mas nem tudo a memória agarra.

lembro-me de um artigo indefinido
do substantivo homem
do adjetivo lilás

e nada mais.

domingo na praia

na solidão do guarda-sol,
uma morena se oblitera.
ao seu lado, um casal com força
lança lá e acolá as raquetes
barulhentas do frescobol.
crianças se empapam nas ondas,
o sorveteiro toca o sino,
latas de cerveja rutilam
num monte de lixo na areia.
é domingo, dia de ir pra praia,
comer caranguejo na tábua
e lamber dos dedos o sebo
escuro que sai da carcaça
oca do bicho agora morto.

inteira regada de bronze,
a morena desata o laço
das costas do biquíni e deita
de bruços sobre a canga aberta.
o sol adula o dorso nu,
lambendo ainda as coxas e a bunda

abaulada no fio dental.
mais à frente, um *dobermann* triste
busca equilíbrio na coleira,
enquanto junto ao mar, gaivotas
sonolentamente drapejam
sobre as cabeças dos banhistas.
é domingo, é sempre domingo,
sereno e ruidoso domingo.

* * *

numa espiral inexorável,
o sol solene se despede
e mingua agora atrás dos prédios.
meninos com narizes fanhos
continuam dando mergulhos
apesar do apelo dos pais.
a maré enfim baixa permite
que haja na areia uma pelada:
garotos descalços se atracam
atrás defender as traves
feitas de cocos ressequidos.
a morena, nessa hora, arma

de volta o seu recato e amarra
o laço firme do biquíni.

sem se importar com a partida
que se desenrola aos seus pés,
a morena sacode a canga
e lança pelo ar um borrifo
de areia. a lua, ainda tímida,
já se atiça por entre as nuvens.
a morena então se ergue e segue,
com a sua bolsa a tiracolo,
sem pedir licença aos garotos
que se altercam em lance tenso.
um grito! o jogo se detém.
e a morena atravessa o campo,
pacata e sem cautela, enquanto
ouve uns assobios de gaiatice.

quiropraxia

não tardar que a noite
cede não correr da
infindável fome não
ferir o corpo com o de
faca que há na flor
nem propor ao espelho
a nitidez da pedra.

nesta efêmera cátedra
(neste escaravelho)
isto que inibe a fé da sóror
e que pode ser pau pode
ser grelo ou coração
(tudo a mesma merda)
se despedaça em açoite.

velo de ouro

abraçar o ranço, o viço,
a língua ao pinguelo : a amora
que pende do galho hirsuto.
o osso, o siso, a mão lodosa
nadando em geleia – o grelo,
a egrégora : flor de fêmea,
fecunda e fodida – a dor
que habita a ideia
de só ser Medeia.

excesso

que seja grosso e espesso,
de sujo escopo, de fetos
infecundos, de corpos gordos,
engarrafados no vento, que
seja sobejo, overdose sem
medo, que seja fausto, que seja
teta e fome, cheia de luxo, farta,
exorbitante desejo, que seja não só
o que vejo, o que toco, o que
busco, o que espero, que seja
o excesso aquilo que
falta.

sede

não é água, embora ribombe
nos tímpanos em serena
queda: é circuito sanguíneo,
mas de artérias entupidas.

não é água – é azul e infantil,
como uma pílula anímica,
cheio de visco, vagaroso
molusco amolando a mucosa.

é uma intumescida seda,
saliva eivada de seiva,
tinta, gala, gosma, engulho
feito gogo, gota a gota.

repugnante enguia, é sumo
de tomate, bolha, baba,
não é água, é medusa acessa,
pele de serpente, língua,

que a sede ampla o beijo míngua.

cárcere

eu poderia,
em volta da corrente,
dar bom dia ao sentinela.
sim, eu gostaria.

mesmo que, imóvel, ele
não ciscasse um olho.
mesmo assim.

adoraria perguntar
o seu nome,
sua morada.
a quantas anda aquele amor.

sei lá, talvez só pedir
fogo.

ele olha para a frente,
atento ao rejunte dos tijolos,
recontando, grão a grão,
os ingredientes da argamassa.

coitado,
trabalhar cansa.

se pudéssemos jogar xadrez,
eu sacrificaria,
sem melindre,
o meu cavalo.

pois é preciso
ter
compaixão.

estranhos

e agora os fodidos
sob a chuva fria,
os tristes, os pobres,
presos à terra úmida
que cimenta as portas,
os pequenos, miúdos,
com o laranjal
de seus malabares
no rodapé das marquises.

e agora os felizes
que em galhofa galgam
portões automáticos,
apáticos, pífios,
na saída do culto,
na entrada do shopping,
no ar condicionado
ao mesmo ar atávico
que ara os canaviais.

à luz dos sinais,
fodidos, felizes
se olham no vermelho
nervoso da espera.
nada ata, nada ela
a fome ao conforto.
o vidro blindado,
que não cessa o pânico,
só evita o vento
soprado em arame
na blusa regata.

nada ela, nada ata
esse espelho ao *sketch*,
rascunho inconcluso
que assemelha os corpos
a uma mesma espécie.
fodidos, felizes,
o verde os liberta,
e a picape atlântica
navega no asfalto
largando pra trás,
à deriva, a vida
que, desamparada,

fabula a feição
do próximo almoço
na poça da lama
que a chuva semeia.

depressão

bebo essa água – não da fonte
mas do fosso
da fossa
e então caio, de carne e osso,
nos lençóis.

toda essa dor vem de dentro:
um caroço oco, de libido
estéril, que não gera
nem regenera.

é a inválida antipatia.

derrotado no armistício,
o corpo confessa, a cada
queda, o sacramento da
vergonha.

nenhum prazer desonera
o ânimo do vasto pânico.

nenhum espasmo desdobra
em gozo o que só é cólica.

é a descortês despedida.

sequer o sono, inconcluso,
conduz o desejo ao estado
rígido da ruína.

a solidão multiplica.
mesmo que o jazz, na antessala,
console os convivas com
notas azuis, o meu coração

é das moscas.

desesperança

do pó lapidado
dos meus ossos, surge
a urgente fuligem
que cimenta o incêndio
da desesperança.

nesta terra infértil,
onde o que semeia,
sucumbe, até o tempo
se reitera inepto.
quem, sozinho no escuro,
pode ver no espelho
a invertida imagem
de si mesmo outrado?

quem, honestamente,
ata-se à verdade
feito um barco bêbado
que ancora na noite
o soluço irônico?
pouco – ou nada – resta

da crença no Todo;
até mesmo os cegos,
pensos na mureta,
hesitam em fiar-se
na haste das palavras.

* * *

por que, então, insisto
no traçado esguio
destes versos tristes?
que força convida
minha alma vassala
a amar a poesia,
a armar sombras sob
tetos destelhados
de invivíveis casas?

tantas vãs perguntas...

tantos, e insistentes
vazios que se espraiam,
vozerios amuados,
sorrisos vis, vultos.

a mão generosa
antepara o escarro;
a boca, confessa
de sangue e martírio,
solfeja em silêncio
a ausência de afeto.

milhares, talvez
milhões de desejos,
diariamente encontram
abrigo na lama.
um cavalo, morto
de sede, refresca
a memória do ágil
definhar da vida.

* * *

tudo isso, a seu modo,
a exasperação,
a falência do ócio,
o atrito, a celeuma,
tudo, as mais apáticas
idiossincrasias,

o medo da morte,
de amar sem retorno,
a fome política,
a febre, a pedra, o ódio,
tudo, tudo mesmo,
que sempre atrasou
o acerto de contas:

é imenso, e a vista não alcança,
pois o que falta é minha herança.

paciência

com um cansado aceno, que de miúda
envergadura o gesto quase ultima
o seu desejo assim que a mão espalma,
meu corpo gasto sem esforço se
despede de qualquer sincero afeto
e cada toque, mesmo ingênuo, agora
gera asco em minha pele apavorada.
com medo, as horas que antecedem o ovo
não mais escrevem versos do martírio.

a fúria afoita, desproporcionada,
que nesse tempo prenhe de assassínios
é a única ação fragrante de justiça,
ataca em mim a calmaria arcaica,
o sossego, a leveza mineral
(feita de fêmea firme em macho inane),
e obriga as mãos, incultas de combates,
a ser serpente torpe que envenena
a vida e a obriga, em greve, ao ricochete.

há quem resista e disso faça cartas,
amole sonhos, introduza azedo
adubo no futuro do presente.
a mim me espanta todo esse estoicismo,
feito de pão e estopa, cartorial,
prescrito, como antessala do abismo.
admiro apenas os que, putos, soltam
granadas no adro hostil dos ministérios.
é com rinhas de galo se implode impérios.

tristeza

recuso a tristeza que não venha
a galopes
com a mão erguida
ameaçando o espantalho

(tristeza de fim de tarde
gelatinosa sob a lua)

rejeito, renego, resisto à tristeza
protocolar
biométrica
carimbada na entrada e na saída

tristeza que forma e deforma
o torso escuro da carranca

tristeza que não estremece,
deficitária, cheia de dedos

tristeza que acena ao carrasco
mesmo ciente da injusta pena

somente aceito a tristeza
sólida
inorgânica
matemática

feita na displicência do mundo

esta, sim, a tristeza das pedras,
me interessa:

quero morrer numa erosão silenciosa.

escolhas

para cá, no lado oposto,
viro, assim e assado, o rosto
e vejo só o que me importa:
o que o coração comporta.

não gosto o que agrada o gosto,
prefiro ventos de agosto,
suor, terra, alecrim de uma horta,
de instante em instante na aorta.

quero cada vez mais, menos
juntar objetos obscenos.
o pouco, o mínimo, o miúdo
me valem mais que ter tudo.

pois a humildade dos pastos
dá à grama verde ares vastos.
a pequena flor alcança
sempre a abelha e sua lança.

o invisível deixa rastos
por cima dos ossos gastos:
guardemos, pois, esta herança,
de haver silêncio na dança.

morte

morrer não é privilégio das coisas
vivas. morre a casa, o carro,
a roupa da exclusiva cerimônia.

também morre a estrada
que nos traz da festa.
morre o adorno na lapela,
as lembranças embrulhadas.

(não se trata, veja, só
de matéria que fenece
e retorna à condição de minério)

a fotografia morre, não porque
o bolor lhe are a pele: é o evento findo
que escorre na imagem.

por isso, a paisagem
também morre, como morre
o horizonte cartoriado

e o desejo desintegra
e o amor se pulveriza.

mesmo a morte morre
em ligeiro demorar-se
e o que sobra é um bilhete
sobrescrito no evangelho,

pois toda lápide é espelho.

mergulho

é essa asfixia
podando o fôlego
subaquática, oxidativa
me enredando contra as ondas
no tear dos sargaços.

forço o corpo rumo
ao muro do quebramar
mas a maré me retém
me possui
me escraviza.

os banhistas não se movem
não percebem meu mergulho
(na areia, uma criança perdida
se distrai com os tatuís).

a água turva me enegrece
a vista e, cego, sei enfim
quem sou:
o som do fundo do mar
é voz e ventre de mãe.

oferenda

poder ouvir a estridência efêmera do sonho
e tocar, ainda morno, o seu perfume branco,
abre-me, enfim, a fenda intrauterina
em que deposito, apaziguado,
a oferenda pela graça alcançada.

a isso chamam fé,
mas eu chamo terra.

abraço

entre um corpo e outro
corpo, há um cânion:

falésias erodidas
por onde divisamos
a viela em que se banha
uma hiena desgarrada.

um corpo é paisagem e outro
corpo junto a ele, quimera.

o vão entre o ar e a matéria,
o que separa o soluço
do gozo, a abelha da fome,
a pedra do inverno.

há sempre a chance de um corpo
no outro corpo, a sombra escassa
que se contorce na areia.

mas nada os conecta, nada
nutre o desejo: o fastio
de um corpo no apetite
de outro corpo é pura
sorte.

vida marinha

há peixes que escapam da rede
de tão minúsculas,
microscópicas brânquias

não importa quão teso
seja o laço que urde a trama:
há peixes que escapam
indiferentes à fome dos apóstolos
peixes pequeninos
que nunca nadam contra
a maré

pois o mar também abriga
vidas ínfimas
granulosas
unicelulares

vidas que ignoram a geografia
da terra, que desconhecem
a cor da noite, a razão

dos homens, o cheiro recorrente
do fracasso

há esses peixes
e esses peixes não vivem mais
que minutos
alheios à engrenagem do tempo

e mortos, seus corpos logo aderem
à parede náufraga do submarino,
como se velassem, vizinhos,
o mesmo destino.

murmurações

e no silêncio do gelo, a voz,
que era breve, de repente se abre
e interrompe a migração do inverno.
quem hibernava, desperta ao som
do orvalho percutindo nas calhas
no tatibitate matinal.
lá fora, um chilreio distante cresce,
se aproxima e vibra as esquadrias.
o chão pisado, afinal, se aduba.
não há forma ou gesto que resista
à obediência natural das plantas.

mudanças

o que sobrou do casulo,
seco e murcho sobre a pedra,
o sol logo dilacera,
picota em fibras miúdas,
até que, estiolada, a pele
inútil então vira
guarda-chuva de formiga.

paisagens costeiras

onde estão todos?
onde em silente queda jazem náuticos
os que em assalto deram sangue ao mar insosso?
onde, os que se esquivaram sorrateiros?
residem onde agora os párias meus irmãos,
que em outras eras eram elo a unir
o meu futuro infértil e o meu passado assim
tão sem sossego?

e o meu presente?

pois esta busca, exumo da memória,
é para ver em que terreno habitam
aqueles braços grossos que persistem,
riscados de escorbuto e barbitúrico,
lavrando subalternos germens régios.

"pois que em meus negros há um jardim de lodo,
uma engrenagem de osso, piche e músculo,
que acorda sempre grata da bondade

de minha lívida alma lusitana;
eu, um argonauta em terra estranha, singro
no arado atlântico da algema em ébano,
noite, dia, noite, noite, noite, dia,
e empurro na nau nua todos os bichos
que agora aceitam, por certeza ou açoite,
trabalho que de soldo não prescinde,
e então recebem, como benção íntima,
a graça de morrer no Novo Mundo"

onde estão todos?

vejo o terraço desta terra rasa,
terra a prazo, pequena terra, brasa,
onde é certo que brote brusca e crespa
cada grama que nela caia arada;
vejo a areia hoje cálcio o que era lágrima
formando calma e branca uma ampulheta,
onde o tempo rasteja em si deserto,
onde o corpo percorre o seu desejo;
vejo a selva – ainda escura – à cor de bílis,
em cujas pétalas latejam pólvoras
por cada galho gris que é cruz ou cristo.

onde estão todos?
onde, em miséria, habita o corpo nu
assim desabrigado de memória?
onde hão os que o destino certo agora
consomem só mais nada e sul e goela?
onde estão tuas tetas pontiagudas
que apontam leste à porta do prostíbulo?
onde estão todos? deus meu, diz-me a cova
em cuja curva estão os olvidados,
mostra-me a mata onde o pajé resiste
e solitário encara o corpo da jurema
(com o cachimbo em baforadas esporádicas);
dá-me, meus deus, a imagem de uma identidade
em cujo espelho eu não e sim me reconheça.

onde estão – tão onde – esses tantos?

na luz opaca do meu quarto, sumo,
refém de um mesmo desencanto inepto,
lançando aos céus não mais que essas palavras.
levanto então meus ombros pardos e olho
pela janela – rumo aos prédios cinzas –,
e mesmo sem notar qualquer vivalma,

sei que mil homens dormem, morrem e amam,
sem reparar na dor que me consome.

identidade

a cada vez que o corpo nu se despe
minha pele avariada revigora
e no outro de mim mesmo desdobrado
há uma parte do que eu era e outra inédita.

simulo no silêncio refratado
um gesto que a memória multiplica
e então propaga, isento de inteireza,
meu próprio ser retido em estilhaços.

o que eu sou – e somos muitos – se desdobra
numa única e irrestrita massa atômica
que por ser tudo ao nada se limita.

e nessa multidão de autorretratos,
em quem me torno e o que me antagoniza,
são vários ângulos de um só sorriso.

casa

há vincos na frente da porta,
ranhuras, pequenos bolores.
no teto, há uma nódoa marrom
de alguma antiga infiltração.
pelos rodapés, a ferrugem
que cai das janelas margeia
as baratas – quem sabe – mortas.
mas não se engane: há vida, aqui.

há vínculos batendo na aorta,
nos fins de tarde na varanda,
na memória dos azulejos.
a filha, o filho, os livros velhos
que se encavalam nas estantes,
a zamioculca, o jasmim-manga,
a espada-de-são-jorge e os cactos.

ah!, e há os gatos, com seus pulos
estampando estradas tortas
na frieza do porcelanato.
em noites de chuva, a varanda

empapuça de poças d'água
em volta do ralo entupido.
na casa, o há era um ávido havido.

pois o que se foi permanece
na pele puída das cortinas,
nos garfos de dentes torcidos,
na dobradiça que range.
a vida, quando vivida,
deixa nas coisas vestígios,
marcas, rastos, restos, heranças.

nossa casa nunca foi só
morada servil, domicílio:
é onde o amor explode e descansa,
deitado na rede do alpendre,
enquanto o que habita a saudade,
essa erva daninha, se infiltra,
como em veias de um coração,
pelo caramanchão.

feminino masculino

por mulher – entenda – não
digo um nome, um corpo, uma
silhueta que escapa. nem
mesmo indico uma paisagem,
uma mão no joelho, um grito
de socorro no escritório.
algo que insinue uma anuência.

pois por mulher – digo – não
entenda alheamento, malha
espessa nas virilhas,
olhos que se dissimulam.
nenhuma saliência isenta
o ósculo assaltado, ou o furto
do seu fruto intermitente.

por mulher – assumo – falo
do meu lapso, parte oculta
dos meus ombros (meu silêncio
simulado em dominância).
a rigidez dos meus músculos

é mistura do aconchego
dos engenhos com o medo
disfarçado de empatia.

por falo – mulher – assumo
a fala, sequestro as vozes
que sozinhas desintegram,
mas que juntas reagrupam,
como a chuva inevitável
que excessiva inunda a lavra,
mas que só ela, passada a bátega,
pode semear o amanhã.

juventude

eu sou jovem.
tenho a graxa ainda grossa
na correia do motor.
tenho um corpo afeito à queda,
ossos cheios de fratura,
cartilagens longilíneas
que se alinham no selim
pela ladeira sem freio.
nevermore. nevermind.

eu sou jovem.
suo a camisa sem me opor
aos odores que me encharcam.
amanheço sem ter pressa
e escuto impávida a porta
que em pancadas estribilha:
é a escola, é a escola – eu sou jovem!
nevermore. nevermind.

pelos ralos me revestem,
sovaco, buceta, cu,
numa floresta selvagem.
pouco me importa a polícia,
a política, o mercado
de trabalho: meus cabelos seguem
soltos, pele manchada de sol,
boca vermelha que grita:
eu sou jovem, eu sou jovem!
nevermore. nevermind.

* * *

a juventude existe apenas para
os velhos. para ti, existe a vida,
cadarços encardidos de um all-star
pulando sobre os muros do vizinho.
existe a força estreita de uma revolta
que dispara a esmo os teus canhões inúteis.
existe o amor – ao mundo e a ninguém –
como uma fome a tudo que é tempero.
nenhuma morte pode ameaçar
essa aventura de não ter futuro.

a juventude é precoce
e, ainda assim, doce.
pois quando menos começa,
acabou-se.

resistência

verdes aviões se avizinham do átrio
baldio da Catedral de São Francisco.
zunem em quedas e subidas súbitas,
farfalhando a mobília colonial
que outrora dava pouso a genocidas.

um submarino russo emerge apático
por entre as palafitas aflitivas
do Porto do Capim. seu periscópio
curioso em muito se assemelha ao chifre
arrefecido de um rinoceronte.

a infantaria já subjugou Bayeux,
Cruz do Espírito Santo e Santa Rita.
caminha agora ritmada rumo
ao baixo Roger, anunciando a queda
derradeira do império parahybano.

e então tudo, do nada, se detém!
duas dúzias de ala ursas vem correndo
e entoando músicas de carnaval,

sem temor ante as bombas que emudecem
o urro dos papangus esfarrapados.

deserto

nunca vi um deserto.
sou líquido, untuoso,
ausente de atrito.
das margens de um mangue
vi nascer meus ossos.

sequer do sertão
me confesso afeito.
nas setas da bússola
que levo comigo
meu coração triste
pende ao leste, sempre.

lago, açude, córrego:
tudo o que eu sinto é úmido.
nunca vi um deserto,
não sei qual a cor
da areia erodida.
mesmo o sangue amargo,
que me enverga as veias,

ignora o covarde
ardor do Planalto
Central do Brasil.

e ainda assim, sem ter
visto a corrosão
da terra, o meu corpo
encara agora a árida
aproximação
do que a morte enrija:
mãos sem mais adeuses,
perna empedernida,
desejo anulado
na boca angulosa.

é um calor sem vento,
na tarde sem sombras,
puro sol nos ares.
nada, nem o apelo
de um último grito
pode arrefecer
a fera final.
e então, no que escapa,
nem mesmo as bactérias

humildes encontram
umidade para
roer os meus olhos.

túmulo

raiz sem adubo, o túmulo
rasga na grama os bulbos,
perfura, com o fumo,
a terra exata e fúnebre:
estabelece um rumo,
centrífugo escorbuto
que postula suas pústulas,
e nos leva ao reduto
onde o espírito, impuro,
em reduzido insulto,
seduz um ébrio lúcifer
com a promessa pútrida
do corpo, seu subproduto.

saudade

é uma praga, uma
infestação, colônia
de bactérias, um caroço
que nasce no vento,
pústula, cisto, peste,
tristeza.
      é típica agonia,
mau-agouro, gota, gases,
lépida impingem, astenia,
melanoma anômalo, vício,
acidente, tristeza.
           é um calo,
um toco, uma infecção,
firme gânglio, faringite,
glaucoma, mácula, moléstia,
é congênito e genético, triste,
é um delito perene e impune:

a saudade é autoimune.

tempo

essa concha
no pé da falésia,
ficada na pedra há
muito, muito

tempo.
bate a onda, beija,
lacera, convida
ao abate, e a concha
espera

o tempo

e o tempo se espalha,
poroso como um molusco,
que vivia na concha
mas morreu de

tédio.

viagem

esta minha viagem
contigo. não há volta.
a selva escura e vasta
esconde o ouro em pequenas
fissuras. o céu tinge
a estrada de cardiovasculares
intenções.
a vida é sempre adiante.

enquanto as pernas exigem
a tração perene, penso
(típico gesto de quem
desobedece ao instinto):
e se, ao fim de tudo, a fé
for não um fogo que se avizinha,
mas a fagulha oclusa no palito?
meu corpo acomoda ações
que nunca serão obradas.
da ausência é que me completo.

por que, então, pedir-te a inteira
parte do que é inevitável
lacuna? por que exigir
da parelha a plenitude,
como se, na extravagância,
as solidões se agregassem?
não sinto falta do membro
amputado em guerra,
nem quero o encaixe servil
de um hemisfério na emenda
de outra semicircular
carência.

sou repleto de escassezes.

fracasso

cair também é gesto
esperançoso: cai a
semente que garante
o cheiro, a chuva que
antecede o salto, o
dente e sua fome inaugural.

não falo de tropeço, de
vacilo, obtusa oscilação
que ameaça o corpo ereto.

não há fracasso que não seja
adubo. cada queda fertiliza o silêncio
de inesperada gritaria.

por isso, o voo, como a
voz, só existe na alforria.

a vida

não se intimida
com arames farpados
com muros eretos
com câmeras
estiletes
cacos de vidro

não se intimida
a vida

não há lei que
lhe ate a língua:
toda palavra é hostil.
pode ser dúvida
ou dívida, dádiva,
avaria avara, vadia.

não se intimida
a vida

qualquer vergonha
se enverga no rogo
da algaravia. qualquer
temor emudece,
obediente e movediço,
de joelhos na sacristia.

não se intimida
a vida

e não me venham
com arroubos de antipatia:
deem meia volta,
arrodeiem e se estropiem.
aqui, a vida permanece,
um prego na haste da orquídea,
mesmo que, solitária, a flor
nunca veja a luz do dia.

não se intimida
a vida

se quero escrever

se quero escrever, caminho.
a palavra imprime à pedra
a curvatura do líquido.
febre, escárnio, tirania,
são todos nomes de seixos.

é não na ideia, mas no tato,
que nos fazemos humanos.
na faca que assina a ponte,
no enterro roubado ao padre,
na jangada, no molusco,
em cada lençol ou assovio
em que se finge um castelo.

por isso o poema é feito
de paisagens serrilhadas:
a fumaça de um gerúndio,
correnteza em advérbios,
o testemunho imperfeito
de uma oclusa ventania
que se perde em particípios.

é do tato, não do ideia,
que nasce a literatura.
pé, mão: poema – palavra
feita de areia e marola,
um mapa áspero, um papiro
ainda rígido, dois córregos
que deságuam sobre o fogo.
se quero escrever, me afogo.

bonança

dizem os bons que haverá
bonança, que uma hora a febre
cessa e o corpo, cheio de gânglios,
pode ambicionar de novo
a eternidade.

é o que dizem. muitos creem
nestes vaticínios prósperos
e logo lançam sementes
sobre o solo ainda senil.
preferem perder o grão
que xingar a ventania.

há quem julgue isso tolice.
afinal, o gozo breve
não solapa a treva longa.
e longa, essa treva engole
um canto a outro do horizonte.
a chuva densa tremula
o telhado da cocheira.
as janelas, de vidraças

poeirentas, não emoldam
nada além do breu que dança
sem esperança.

mas, esperem! é melhor
emparelhar com os tolos,
os bons, os que entreveem na
noite o aroma da manhã
que geme. com eles, o ânimo
agrega, feito ímã, a fé
crua ao desatino alcóolico.
melhor assim.

para a realidade, há sempre
uma plateia em fileiras
de assentos numerados.
há lâminas, alfarrábios,
chapas, fotos e registros.
há cartórios em que a fome
se encarreira nos catálogos.
há fronteiras entaipadas
de desejos em rebanho.

eu, por mim, prefiro o sonho.

revolução

para penetrar a
pedra, é preciso ouvir
o seu recado inerte,
a voz rouca dos minérios,
o rasgo da estalactite
como uma vulva vulcânica
adormecida na pélvis.

não basta a faca, o carro,
uma mobília italiana
(com o esboço bolorento
de uma ausência no sofá).
o ácaro atroz na almofada,
feito a fome de um eczema,
não basta. nem mesmo a boca,
esmerilada de cáries,
pode fender os seus sulcos.

para penetrar a
pedra, é preciso mais
que a habilidade do ourives,

a crócea acidez da cúrcuma,
o apelo da moça indefesa.
deve a pedra ser quem fala,
quem devotada convida
a presença do invasor.
deve ser da pedra o grito
febril que executa a noite,
convencendo o sol a arder
na manhã desesperada.

nenhum silêncio, nenhuma
covardia acaso emudece
o que a pedra reverbera.
o beijo é nulo. o abraço ébrio
quiçá lhe abra umas fissuras
– nada, porém, como a errática
luminescência do gozo.

para penetrar a
pedra, portanto, aceite
o seu golpe, o ricochete
anárquico em cada quina,
e deixe o arco arrefecer,
na ousadia da montanha,

enquanto, como em guerrilha,
a multidão se revolta
pela alforria da flor.

um abismo quase

a vida não é mera circunstância.
para que nasça a rocha, a chuva deve
roer os minérios, repetidamente,
até que a terra se entorpeça e peça,
à complacência obscena dos relógios,
um pouco de ordem e arte, em equilíbrio.

nada há no acaso – cada grito é o início
de um silêncio sem fim.

para que haja o hoje,
houve o haverá – não como nuvem velha,
lápis-lazúli rabiscando o céu,
mas como um cacto macho que ara a vulva
do ar, e então morre: a vida nunca é pura

condescendência. mesmo a flor senil,
refém do afã das horas, deve dar
à abelha sua porção de mel. por isso
é vã qualquer certeza que não traga
fossos de dúvida dentro dos muros.

a vida não prescinde de ignorância.
saber da morte não garante o gozo
dos dias. sequer saber do belo impede
que contemplemos tímidos a boca
imunda decretando o fim do mundo.

nem mesmo a vida nos obriga a ter
com a vida melhor razão de ser.
ela é clara: centelha acesa e cega.
nos mostra apenas seu mistério, sem
milagre, mas ausente de cinismo:

viver é edificar-se no

Esta obra foi composta em Walbaum Text
e impressa em papel pólen 90 g/m² para a
Editora Reformatório, em outubro de 2021.